Conoce
Australia

Bobbie Kalman

Crabtree Publishing Company

www.crabtreebooks.com

Creado por Bobbie Kalman

Para nuestra amiga Priscilla Baker y en memoria de Karl Baker,
de Peter y Bobbie con amor.
Esperamos que este libro les traiga recuerdos de hermosos momentos.

Autora y editora en jefe
Bobbie Kalman

Editora
Robin Johnson

Investigación fotográfica
Bobbie Kalman
Crystal Sikkens

Diseño
Katherine Kantor
Samantha Crabtree (portada)

Coordinadora de producción
Katherine Kantor

Consultor lingüístico
Dr. Carlos García, M.D., Maestro bilingüe de Ciencias, Estudios Sociales y Matemáticas

Ilustraciones
Barbara Bedell: página 15
Katherine Kantor: páginas 4, 5, 6, 8, 10, 18, 24
Robert MacGregor: página 12

Fotografías
© BigStockPhoto.com: páginas 7 (parte superior), 19 (parte superior derecha), 25 (centro)
© Dreamstime.com: páginas 19 (parte inferior izquierda excepto el recuadro), 28 (parte superior izquierda)
© iStockphoto.com: páginas 7 (parte inferior), 16 (parte inferior derecha), 17 (excepto la parte inferior izquierda), 27 (parte inferior izquierda), 29 (parte superior derecha)
© 2008 Jupiterimages Corporation: páginas 16 (centro derecha), 20 (parte superior), 21, 25 (parte superior derecha), 31 (parte inferior derecha)
© Shutterstock.com: contraportada, páginas 1, 3, 5, 8, 9, 10, 11, 12, 13, 14, 15, 16 (parte superior e inferior izquierda), 17 (parte inferior izquierda), 18 (fondo), 19 (fondo, recuadro en la parte inferior izquierda y parte inferior derecha), 20 (parte inferior), 22, 23, 24, 25 (parte superior izquierda y parte inferior), 26, 27 (excepto la parte inferior izquierda), 28 (parte inferior izquierda y derecha), 29 (excepto la parte superior derecha), 30, 31 (parte izquierda, superior e inferior)
Otras imágenes de Digital Stock y Digital Vision

Traducción
Servicios de traducción al español y de composición de textos suministrados por translations.com

Library and Archives Canada Cataloguing in Publication

Kalman, Bobbie, 1947-
        Conoce Australia / Bobbie Kalman.

(Conoce mi país)
Translation of: Spotlight on Australia.
Includes index.
ISBN 978-0-7787-8191-2 (bound).--ISBN 978-0-7787-8211-7 (pbk.)

        1. Australia--Juvenile literature. I. Title. II. Series: Conoce mi país

DU96.K2518 2010   j994   C2009-902443-8

Library of Congress Cataloging-in-Publication Data

Kalman, Bobbie.
        [Spotlight on Australia. Spanish]
        Conoce Australia / Bobbie Kalman.
            p. cm. -- (Conoce mi país)
        Translation of: Spotlight on Australia.
        Includes index.
        ISBN 978-0-7787-8211-7 (pbk. : alk. paper) -- ISBN 978-0-7787-8191-2 (reinforced library binding : alk. paper)
        1. Australia--Juvenile literature. I. Title. II. Series.

DU96.K3618 2010
994--dc22
                                                    2009016807

Crabtree Publishing Company
www.crabtreebooks.com   1-800-387-7650
Copyright © **2008 CRABTREE PUBLISHING COMPANY.** Todos los derechos reservados. Se prohíbe la reproducción total o parcial de esta obra, su almacenamiento en un sistema de recuperación o su transmisión en cualquier forma o por cualquier medio, ya sea electrónico o mecánico, incluido el fotocopiado o grabado, sin la autorización previa por escrito de Crabtree Publishing Company. En Canadá: Agradecemos el apoyo económico del gobierno de Canadá a través del programa Book Publishing Industry Development Program (Programa de desarrollo de la industria editorial, BPIDP) para nuestras actividades editoriales.

Publicado en Canadá
Crabtree Publishing
616 Welland Ave.
St. Catharines, Ontario
L2M 5V6

Publicado en los Estados Unidos
Crabtree Publishing
PMB16A
350 Fifth Ave., Suite 3308
New York, NY 10118

Publicado en el Reino Unido
Crabtree Publishing
White Cross Mills
High Town, Lancaster
LA1 4XS

Publicado en Australia
Crabtree Publishing
386 Mt. Alexander Rd.
Ascot Vale (Melbourne)
VIC 3032

Contenido

Tierra bien abajo

Australia es un **país**. Un país es una zona de tierra en donde viven personas. Un país tiene **leyes** o reglas que las personas deben cumplir. Un país también tiene **fronteras** que lo separan de otros países. Australia no necesita fronteras. Tiene **océanos** a su alrededor. Los océanos son áreas inmensas de agua salada. Alrededor de Australia también hay muchos **mares**. Un mar es una parte pequeña de un océano que tiene tierra alrededor.

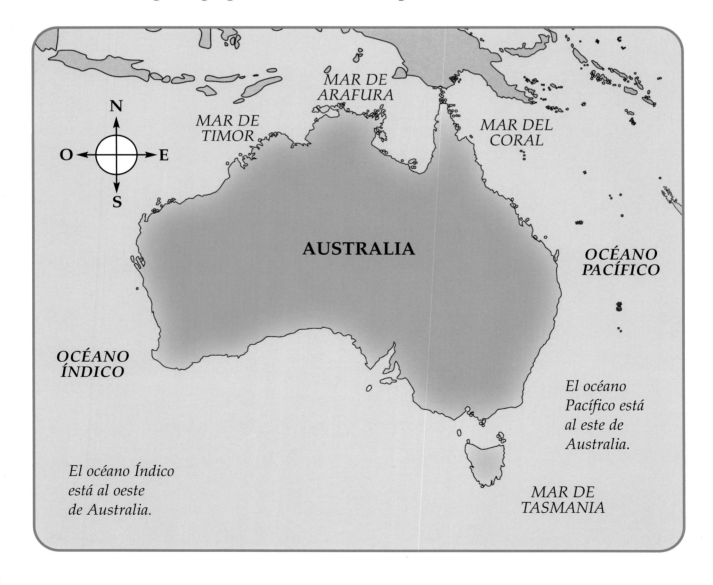

N
O E
S

MAR DE ARAFURA

MAR DE TIMOR

MAR DEL CORAL

AUSTRALIA

OCÉANO PACÍFICO

OCÉANO ÍNDICO

El océano Pacífico está al este de Australia.

El océano Índico está al oeste de Australia.

MAR DE TASMANIA

En la parte inferior de la Tierra

Australia forma parte del **continente** de Australia y Oceanía. Un continente es una zona de tierra inmensa. Australia se conoce como la "tierra bien abajo". Se encuentra debajo del **ecuador**, que es una línea imaginaria que rodea la Tierra por la mitad. El ecuador divide la Tierra en dos partes. Australia está en el **hemisferio sur**, la parte inferior de la Tierra.

Esta muchacha está señalando Australia. Australia se encuentra en la parte inferior del globo terráqueo.

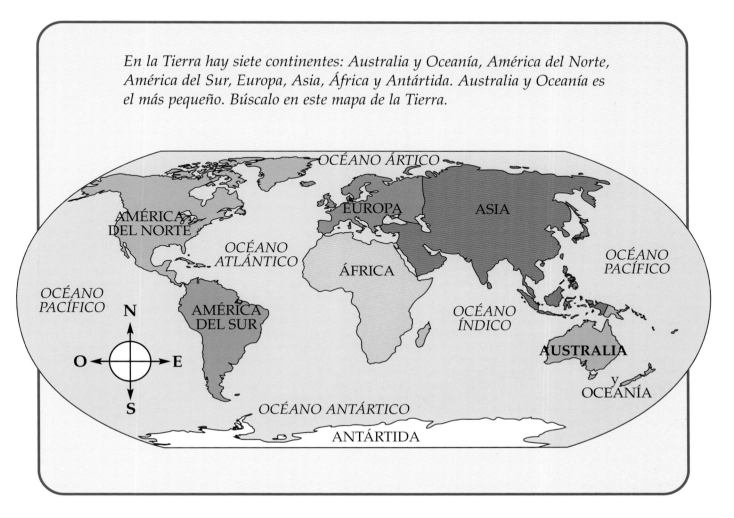

En la Tierra hay siete continentes: Australia y Oceanía, América del Norte, América del Sur, Europa, Asia, África y Antártida. Australia y Oceanía es el más pequeño. Búscalo en este mapa de la Tierra.

OCÉANO ÁRTICO

EUROPA

ASIA

AMÉRICA DEL NORTE

OCÉANO ATLÁNTICO

ÁFRICA

OCÉANO PACÍFICO

OCÉANO PACÍFICO

N

AMÉRICA DEL SUR

OCÉANO ÍNDICO

O — E

AUSTRALIA y OCEANÍA

S

OCÉANO ANTÁRTICO

ANTÁRTIDA

Estados y territorios

Australia está compuesta de una **masa territorial** y de muchas **islas**. La masa territorial es la gran zona de tierra de Australia. Tiene seis **estados,** dos **territorios** en la masa territorial y algunos territorios más pequeños. Un estado es el área de un país que tiene su propio **gobierno.** Un gobierno dicta leyes y toma decisiones importantes para su gente. Un territorio es un área administrada por un gobierno **federal** o principal de un país. El Territorio de la Capital Australiana y el Territorio del Norte son como estados. Tienen sus propios gobiernos.

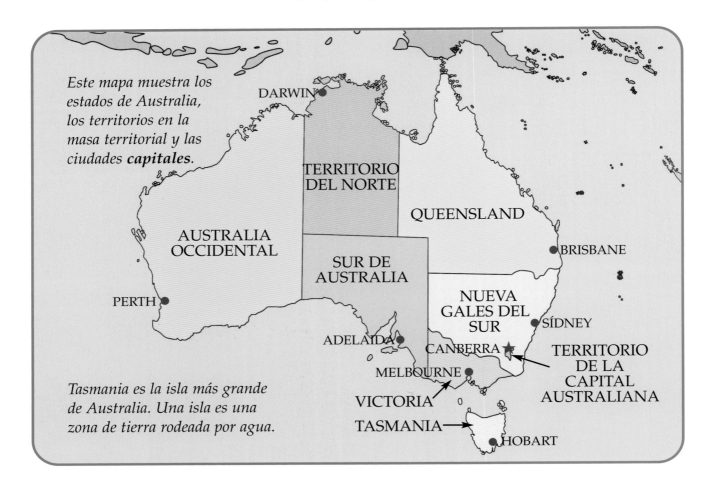

*Este mapa muestra los estados de Australia, los territorios en la masa territorial y las ciudades **capitales**.*

DARWIN

TERRITORIO DEL NORTE

QUEENSLAND

AUSTRALIA OCCIDENTAL

SUR DE AUSTRALIA

BRISBANE

PERTH

NUEVA GALES DEL SUR

ADELAIDA

CANBERRA

SÍDNEY

TERRITORIO DE LA CAPITAL AUSTRALIANA

Tasmania es la isla más grande de Australia. Una isla es una zona de tierra rodeada por agua.

MELBOURNE

VICTORIA

TASMANIA

HOBART

Una costa larga

La masa territorial de Australia tiene **costas** a su alrededor. Una costa es un área donde la tierra se encuentra con el océano. Las costas de Australia tienen largas playas arenosas, costas rocosas y **acantilados**. Los acantilados son rocas altas y empinadas. Las ciudades más grandes de Australia se encuentran en las costas. La ciudad en la foto de abajo es Sídney.

*Los Doce Apóstoles son **columnas** o rocas altas. Alguna vez formaron parte de los acantilados en la costa de Victoria. El viento y las olas marinas separaron las columnas de los acantilados.*

*Sídney es una ciudad grande en la costa este de Australia. El **puerto** está atiborrado de botes.*

La vida en los océanos

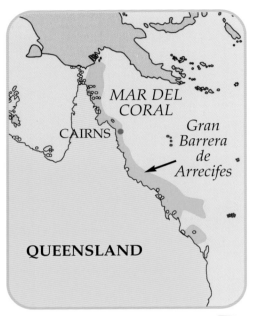

En los océanos que rodean Australia viven muchas clases de animales. Algunos viven en **arrecifes de coral**. Los arrecifes de coral son estructuras debajo del agua que se encuentran cerca de las costas. Se parecen a rocas en las que crecen plantas, pero no son ni rocas ni plantas. Los arrecifes de coral están formados por grupos de animales diminutos llamados **pólipos de coral**.

La Gran Barrera de Arrecifes es el arrecife de coral más grande de la Tierra. Es el área que se indica con color rosa en este mapa.

En la Gran Barrera de Arrecifes viven más de 350 clases de tiburones. En el arrecife también viven muchas otras clases de peces y criaturas marinas. Los tiburones se comen los peces más pequeños.

Las rayas de manchas azules viven en la Gran Barrera de Arrecifes.

Los delfines nadan y juegan en el arrecife y sobre la superficie.

Las tortugas marinas viven en la Gran Barrera de Arrecifes.

El pez payaso y las anémonas de mar viven en el arrecife.

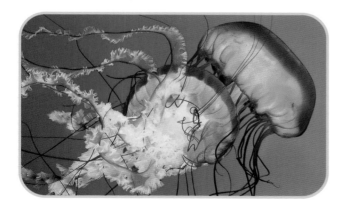

En los océanos que rodean Australia viven muchas clases de medusas. Estas medusas se llaman ortigas de mar.

Muchas personas practican **buceo** en la Gran Barrera de Arrecifes. ¿Sabrá este buzo que tiene compañía?

El territorio de Australia

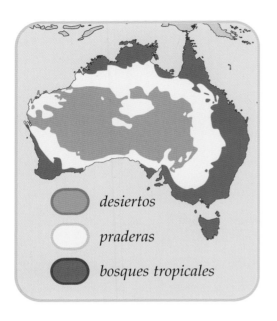

desiertos

praderas

bosques tropicales

Australia tiene muchos **paisajes**. Un paisaje es la forma en la que se ve la tierra. La zona central de Australia está compuesta de áreas secas y calurosas llamadas **desiertos**. Alrededor de los desiertos hay **praderas**. Las praderas tienen pastos altos, arbustos y algunos árboles. Cerca de las costas de Australia, hay **bosques tropicales**. Hay montañas por toda Australia.

*Hay bosques **tropicales** en la región norte de Australia. Tropical significa caluroso y **húmedo**, o mojado. En el norte, el clima siempre es caluroso y llueve mucho durante seis meses del año.*

Más frío en el sur

La mayor parte de Australia es cálida durante todo el año. Sin embargo, Victoria, Tasmania y algunas partes de Nueva Gales del Sur son más frescas que el resto del país. Hasta cae un poco de nieve en invierno.

En las cimas de las montañas Cradle, en Tasmania, hay nieve durante el invierno.

*La Gran Área de las Montañas Azules está en Nueva Gales del Sur. Tiene acantilados altos, **pantanos**, cuevas y **valles** profundos. También tiene **formaciones rocosas** interesantes. (Ver página 13). Las tres rocas que se ven abajo se llaman las Tres Hermanas.*

Tres Hermanas

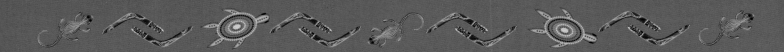

La vida en el "interior"

El **"interior"** es una zona de tierra que se extiende por la mayor parte de Australia. Está formada principalmente por desiertos. Muy pocas personas viven en esta zona seca y calurosa del país. Sin embargo, allí viven muchas clases de animales.

EL INTERIOR

•*Uluru*

Los dragones barbudos son lagartos que viven en el interior. Allí comen plantas e insectos que encuentran.

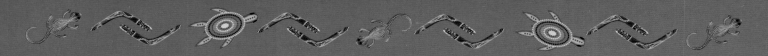

Los canguros rojos viven en el interior.
Pueden pasar mucho tiempo sin beber agua.

La Swainsona formosa es una de las flores
silvestres más conocidas de Australia.
Crece en el interior.

Uluru

Formaciones rocosas

Australia tiene muchas formaciones rocosas grandes. Una formación
rocosa es una roca con una forma extraña. La roca más famosa de
Australia es Uluru, que se ve arriba. Es una de las rocas más grandes
de la Tierra. Uluru se encuentra en el desierto de Simpson en el interior.

Salvajes y asombrosos

Australia tiene miles de clases de plantas que no existen en otras partes de la Tierra. Hay árboles, flores y otras plantas que son verdaderamente diferentes y asombrosas. Los animales de Australia también son extraños. Algunos de los animales salvajes que viven en Australia no existen en otros países.

Esta flor se llama pata de canguro. Crece solamente en algunas partes de Australia Occidental.

En Australia crecen eucaliptos enormes. Los koalas trepan por estos árboles altos y se comen las hojas. Los koalas comen muchas hojas.

Marsupiales y monotremas

Australia tiene muchos animales que se llaman **marsupiales**. Los marsupiales son **mamíferos**. La mayoría de las hembras marsupiales alimentan y llevan a sus crías en bolsas que tienen en el cuerpo. Los canguros y los koalas son marsupiales que tienen bolsas. Otros animales extraños son los **monotremas**. Son mamíferos que, en lugar de dar a luz, ponen huevos. Los equidnas y los ornitorrincos son monotremas.

Un equidna hembra pone huevos dentro de la bolsa que tiene en el cuerpo. Luego de que sale del huevo, la cría toma la leche de la madre dentro de la bolsa.

El demonio de Tasmania es un marsupial que vive en Tasmania.Tiene el tamaño de un perro pequeño.

El quokka es un marsupial pequeño. Tiene el tamaño de un gato. No quedan muchos quokkas en la Tierra.

*El ornitorrinco es un monotrema que se parece a un pato. Pone huevos dentro de una **madriguera** o agujero.*

Los australianos

Este niño es un aborigen australiano.

En Australia hay más de 20 millones de personas. Las personas que viven en Australia se llaman australianos. Los primeros australianos fueron **aborígenes** o nativos. Hoy en día, la mayoría de los australianos tienen **ancestros** ingleses, irlandeses o escoceses. La mayoría habla inglés.

Esta australiana es en parte asiática.

Los ancestros de esta niña son irlandeses.

Estas niñas son australianas de origen chino.

G'day mate! (Hola amigo)

Los australianos dicen "G'day mate!" (Hola amigo) para saludar a sus amigos. Los australianos son muy amistosos. Aceptan en su país a las personas de todo el mundo. Personas de Europa, Asia, África, América del Norte y América del Sur viven en Australia.

Este niño tiene la cara pintada con la bandera australiana. No es necesario que tengas una bandera para ser australiano.

Estas personas no tienen el mismo aspecto, pero todas son australianas.

Los primeros pueblos

Los aborígenes llegaron a Australia desde Asia hace unos 60,000 años. En Australia vivían más de 400 grupos de aborígenes. Algunos eran **nómadas**. Los nómadas van de un lugar a otro en busca de alimento y agua. Algunos aborígenes que vivían cerca de las costas no eran nómadas. Encontraban alimento en un solo lugar y vivían ahí.

Isleños del estrecho de Torres

Otro grupo de personas llegó a Australia hace unos 12,000 años. Venían de Nueva Guinea. Se **establecieron** en las islas cercanas a la costa noreste de Australia. Estos australianos se conocen como los isleños del estrecho de Torres.

NUEVA GUINEA

ESTRECHO DE TORRES

AUSTRALIA

La práctica de las tradiciones

Hoy en día, la mayoría de los aborígenes
viven en ciudades y pueblos. Sin embargo,
algunos viven como lo solían hacer
los aborígenes hace mucho tiempo.
Van de un lugar a otro y practican
sus **tradiciones**. Las tradiciones son
costumbres y creencias que las personas
han practicado durante muchos años.
Algunas de ellas se transmiten mediante
ceremonias tales como el **"corroboree"**.
Los "corroborees" se realizan para
celebrar eventos importantes en la
vida y para dar gracias.

*El hombre de arriba está
hablando acerca del Tiempo
del Sueño. El Tiempo del Sueño
consiste en historias muy
antiguas, del tiempo de los
primeros ancestros. Cuenta
cómo se crearon la tierra, los
animales y las personas.*

*Durante el "corroboree", las personas se pintan el
cuerpo con diseños que se usaban hace mucho tiempo.*

*Los aborígenes utilizaban los
bumeranes para cazar. Hoy,
se usan en eventos deportivos.*

Personas de Europa

Personas provenientes de Europa navegaron hacia Australia en el siglo XVII, pero no se quedaron. Años más tarde, un explorador llamado James Cook proclamó que Australia era una **colonia** inglesa. En aquel entonces, Inglaterra tenía muchos prisioneros pero no tenía cárceles suficientes. Comenzó a utilizar a Australia como una **colonia penal** o una cárcel muy grande. El primer barco lleno de prisioneros y guardias de prisión llegó a Australia en 1788. Los prisioneros fueron forzados a construir puentes y edificios y a sembrar **cultivos**. Los cultivos son plantas que la gente utiliza.

Estos prisioneros ingleses están subiendo a un barco que los llevará a Australia.

Port Arthur es una prisión en Tasmania. Hace tiempo se usó para albergar a los prisioneros más peligrosos de Inglaterra.

Colonos libres

Alrededor del año 1830, personas de Inglaterra, Irlanda, Escocia y Alemania se fueron a vivir a Australia. No eran prisioneros. Eran **colonos** libres. Un colono es una persona que vive en una zona en donde no hay muchas personas. Muchos de los colonos se convirtieron en **ocupantes**. Los ocupantes se apoderan de la tierra que no es de ellos. Muchos aborígenes murieron al tratar de echar a los ocupantes de las tierras de los nativos.

Miles de los colonos libres zarparon hacia Australia para comenzar una nueva vida. Viajaban en barcos grandes.

Inglaterra envió a los exploradores Robert Burke y William Wills a Australia a buscar nuevas tierras para los colonos. Ellos no estaban preparados para el calor del interior y murieron en el desierto.

Caroline Chisholm ayudó a las mujeres que venían solas a Australia. Les buscaba lugares donde vivir y les enseñaba a trabajar.

21

Las ciudades de Australia

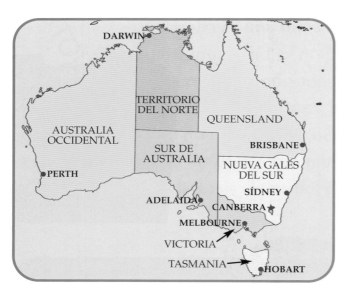

En este mapa se muestran las ciudades más importantes de Australia. Son las ciudades capitales.

La mayoría de los australianos viven en ciudades. Las ciudades grandes de Australia se encuentran en las costas, donde el clima es templado. Sídney es la ciudad más grande y antigua de Australia. Melbourne, Perth, Brisbane, Adelaida y Hobart son algunas de las otras ciudades de Australia. Canberra es una ciudad pequeña que está **tierra adentro**. Tierra adentro significa que no está en la costa.

Brisbane es la tercera ciudad más grande de Australia. El río Brisbane divide la ciudad.

Melbourne es la segunda ciudad más grande de Australia. La llaman la ciudad jardín. Tiene muchos parques.

Hobart es la ciudad más grande de Tasmania. El monte Wellington se encuentra detrás de Hobart.

(derecha) El edificio más famoso de Australia es la Ópera de Sídney. El techo se construyó para que tuviera el mismo aspecto de las velas de un barco.

(abajo) Perth está en la costa oeste de Australia. Está lejos de todas las otras ciudades. Perth está **aislada** o sola.

Agricultura y pesca

La mayor parte del territorio de Australia es demasiado caluroso y seco para la agricultura. A pesar de ello, muchas personas cultivan la tierra. En Australia, los granjeros cultivan granos como el trigo, el centeno y la cebada. También cultivan muchas clases de frutas y vegetales, además de caña de azúcar y cacahuetes. En los **ranchos** australianos o granjas grandes, se crían animales como ovejas y **ganado**. Tanto los animales de granja como los cultivos llegaron a Australia desde Europa hace mucho tiempo.

Con las uvas que crecen en Australia se hacen vinos blancos y tintos. Los vinos se venden en países de todo el mundo.

La canola o semilla de colza crece en Australia. El aceite de canola se hace a partir de las semillas de estas flores amarillas.

En Australia hay diez veces más ovejas que personas. Las ovejas se crían en ranchos inmensos llamados **estancias**. Las ovejas se crían por su carne y su lana. Ningún otro país **produce** o hace tanta lana como Australia. La lana se llama lana merino.

En las estancias también se cría ganado. El ganado se cría por la carne de res. Gran parte de la carne de res de Australia se vende a otros países.

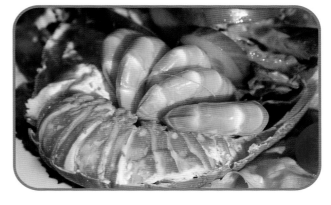

Los australianos atrapan muchas clases de peces en los océanos y los mares. También atrapan langostas y camarones.

Las comidas favoritas en Australia son las hamburguesas, las papas fritas y los aros de cebolla. El pescado y las papas fritas también son muy populares.

Los australianos a menudo cocinan pescados y mariscos a la parrilla. Estos camarones se están asando en la "barbie".

27

Diversión al aire libre

Los australianos pasan mucho tiempo al aire libre. Por lo general, el clima es cálido y muchas personas viven cerca de las costas. Hay muchas maneras de divertirse en Australia. ¿Cuál de estas actividades australianas al aire libre te gustaría probar?

Estos estudiantes están en una excursión escolar. Visitan un faro.

Ualabí

Estos niños dan un paseo en camello. En el interior de Australia hay muchos camellos.

Este niño da un paseo por una zona de pasto llamada "el monte". ¿Podrá ver allí un ualabí? El ualabí es un marsupial pequeño.

Los australianos pasan mucho tiempo en la playa. Van hasta en Navidad. En Australia, la Navidad es en verano.

Esta niña decora un árbol de navidad hecho con ramas en una playa tranquila.

Muchas personas practican surf en las inmensas olas de Australia.

También es divertido jugar con una cámara de aire.

En las carreras de remo, las personas se dirigen a toda prisa hasta un punto en el océano y luego regresan. Las olas son fuertes.

Tus obras de arte

El arte aborigen es muy colorido. También es divertido de hacer. Los artistas usan muchos puntos y formas **geométricas**. Puedes hacer tus propias obras de arte. Usa los dibujos en estas páginas para comenzar.

Los aborígenes pintaban dibujos de animales en la corteza de los árboles. Usaban puntos, rayas, triángulos, rombos, círculos, cuadrados, óvalos y líneas en zigzag para crear arte.

Busca estas formas en los dibujos del lagarto, de la tortuga y del canguro que están en esta página. Luego usa las formas para crear tus propias obras de arte. Diviértete.

Usa los puntos para hacer un diseño simple, como el que se ve arriba, o el dibujo de un animal, como la tortuga que se ve abajo. Usa puntos de colores brillantes para crear tus dibujos.

Este canguro está pintado en la corteza de un árbol. Tiene muchas líneas y formas. Tú también puedes hacer un dibujo como este. ¡Empieza!

31

Glosario

Nota: Algunas palabras en negrita están definidas en el lugar en que aparecen en el libro.

aborigen (el) La primera persona que vive en un lugar

ancestro (el) Alguien que vivió hace mucho tiempo y de quien otras personas descienden

arrecife de coral (el) El área en el océano que está hecha de una cubierta de pólipos de coral y los esqueletos de los corales muertos

bosque tropical (el) Bosque en donde llueve mucho durante parte del año o todo el año

buceo (el) Nadar por debajo del agua usando un tanque de aire

capital (la) La ciudad en donde se encuentra el gobierno de un país, estado o territorio

colonia (la) El área gobernada por un país que está lejos

desierto (el) La zona de tierra calurosa y seca

establecerse Formar un hogar y vivir en un lugar donde vive poca gente

ganado (el) Las vacas y los bueyes que las personas crían para obtener su carne, su leche o cuero

geométrico Que está hecho de líneas y formas simples, como círculos y triángulos

interior (el) La zona desértica, calurosa y seca de Australia donde viven muy pocas personas

mamífero (el) Animal que nace, tiene pelo o piel y bebe la leche de la madre

mancomunidad (la) El área que tiene su propio gobierno, pero que está unida a otro país, como Inglaterra

marsupial (el) Mamífero que luego de nacer crece y bebe la leche dentro de la bolsa de la madre

monotrema (el) Mamífero que nace de un huevo y que bebe la leche de la madre

parlamento (el) Gobierno que está compuesto de miembros electos y no electos

pantano (el) Zona de tierras húmedas en donde crecen árboles, arbustos y otras plantas

puerto (el) La zona de agua cerca de la costa donde los barcos se protegen del viento y las olas

valle (el) Zona baja de tierra con montañas o colinas alrededor

Índice